RÉFLEXIONS

SUR

LA LIBERTÉ DE LA PRESSE;

PAR UN MAGISTRAT.

———

PARIS,

Chez DELAUNAY, Libraire, Palais-Royal, galerie
de Bois, n°. 243.

1814.

RÉFLEXIONS

LA LIBERTÉ DE LA PRESSE.

Au milieu du conflit des opinions qui s'élèvent pour ou contre la liberté de la presse, on est généralement d'accord que cette liberté ne peut pas être indéfinie; qu'une loi doit en déterminer l'exercice, et que l'émission de cette loi sera le résultat nécessaire de l'article 8 de la charte constitutionnelle.

Mais quelle est la volonté royale manifestée par cet article? est-il vrai que le roi se soit placé dans la nécessité de ne proposer, à l'avenir, que des lois pénales destinées à réprimer les délits de la presse? est-il vrai que l'autorité publique, renonçant au droit d'ordonner les mesures de police qui préviennent le mal, doive se renfermer désormais dans les mesures de rigueur qui le punissent? Afin de présenter nos idées sur ces importantes questions, nous examinerons d'abord quel esprit a dû présider à la rédaction de l'article 8; nous déterminerons ensuite le sens des expressions que renferme cet article; nous terminerons par quelques réflexions sur le projet de loi présenté aux deux chambres par le ministre de l'intérieur.

Nous ne contesterons point les avantages de la liberté de la presse; au milieu d'un peuple fortement constitué et attaché à ses institutions, elle est pour les citoyens une sauve-garde puissante contre les abus de l'autorité; elle présente une voie sûre pour dénoncer les abus et résister aux vexations; elle associe chaque individu aux grandes opérations du gouvernement, en lui donnant les moyens de proposer ce qu'il croit juste, et de combattre ce qu'il juge désastreux : enfin la liberté d'imprimer, en exerçant son utile influence sur l'opinion publique, peut souvent faire parvenir jusqu'au monarque la vérité qu'on lui cachait.

Mais est-ce la première fois que de grandes et belles théories n'auront produit, dans la pratique, que des discordes sans fin et des malheurs sans remèdes? Les leçons d'une expérience de vingt-cinq ans pourraient-elles être perdues? et faut-il encore rappeler avec le législateur d'Athènes que les lois à donner à un peuple, sont moins les meilleures, absolument parlant, que celles qui conviennent à son caractère et à ses mœurs?

Or, il n'est pas difficile de se convaincre que cette même liberté indéfinie de la presse, qui chez nos voisins contribue si efficacement au maintien de l'ordre public, ne servirait aujourd'hui, chez nous, qu'à réveiller la licence, et à jeter le trouble dans la société.

Lorsqu'un peuple est, par caractère, lent à saisir les idées nouvelles, lorsque l'expérience a montré qu'il ne les adopte que difficilement, il peut, sans inconvénient, supporter leur libre manifestation.

Mais s'il existe un peuple essentiellement avide de nouveautés, et portant la mobilité et la versatilité de son caractère jusque dans les matières les plus graves; un peuple qui dans un période, que l'histoire considèrera comme instantanée, a tour à tour admis, quitté, repris les systèmes de législation et de gouvernement les plus opposés; si chacune de ces variations, à l'exception de la dernière, a ébranlé le corps social et l'a menacé d'une complète destruction; si vous avez vu les systèmes, les mouvemens d'une grande capitale, centre de vertus et de vices, de lumières et d'ignorance, déterminer constamment les systèmes et les mouvemens d'un immense royaume; et si ce peuple, après s'être déchiré lui-même, après avoir été le fléau de ses voisins, était enfin revenu au gouvernement que, pour son bonheur, il aurait dû conserver toujours, ne trembleriez-vous pas à la seule idée de lui laisser encore le mobile principal de tant de révolutions successives?

Ce peuple c'est nous-mêmes, et ce mobile c'est la liberté indéfinie de la presse; pourquoi n'aurions-nous pas la franchise d'en convenir? Une nation à qui il suffira de reprendre son ancien caractère, pour être éminemment aimable, généreuse, hospitalière, instruite, pleine de courage et d'honneur, rachètera bien par de si grandes qualités, quelques défauts contre lesquels il suffira à ses législateurs de la prémunir, pour mettre le sceau à sa gloire et assurer la grandeur de ses destinées.

La publication des idées nouvelles produit, en France, un effet beaucoup plus prompt, plus général, et moins facile à prévenir que chez tout autre peuple. Séduits par des raisonnemens spécieux ou par des théories d'humanité, de bienfaisance et de bonheur général, dont l'adoption, si elle ne fait pas honneur à notre pénétration, fait au moins l'éloge de notre cœur, pour être détrompés, nous n'avons que trop souvent besoin de l'expérience : et, en vérité, si dans quelques matières, ce dernier moyen de compléter notre instruction peut paraître sans inconvénient, qui osera le prétendre ainsi lorsqu'il s'agira de religion, de mœurs, de législation, en un mot, de tout ce qui constitue les fondemens de la société ?

Ainsi, en thèse générale, et par la seule considération de son caractère, notre nation a absolument besoin de lois qui régularisent l'usage de la liberté de la presse, et qui, laissant subsister, autant que possible, les avantages de cette liberté, soient assez fortes pour en réprimer les abus.

Nous verrons bientôt si des lois pénales pourraient seules atteindre ce but; mais auparavant, examinons plus particulièrement la question sous un autre rapport non moins essentiel, celui de l'état actuel de la France.

Des événemens miraculeux viennent de nous rendre notre souverain légitime, et de nous restituer la place qui nous appartient parmi les peuples de l'Europe; mais il est toujours vrai que nous sortons à peine d'une révolution, pendant laquelle toutes les passions ont été dans une horrible et perpétuelle fermentation.

Loin d'être calmées, elles menacent chaque jour de nouvelles explosions, et le danger augmenterait nécessairement en raison de la facilité de rendre publics indistinctement toutes sortes d'écrits.

La génération qui a vu commencer la révolution,

est la moins nombreuse aujourd'hui; et, à part quelques hommes modérés par caractère, le reste de ceux qui la composent, a conservé des idées et des préjugés dont l'intensité n'a fait que s'accroître en raison de la contrariété.

La génération, plus nouvelle, n'a pas encore de principes fixes sur ce qui constitue l'ordre public; négligée dans son éducation morale, livrée à de continuelles aberrations, séduite par de fausses idées de gloire, enivrée de la prétendue suprématie de la profession des armes, persuadée, d'après ce qu'elle a observé elle-même, que la science de gouverner n'est autre chose que l'art de tromper, il faut au moins que pendant quelque temps, et sans être détournée par la malveillance, elle juge par elle-même des avantages inappréciables d'un gouvernement modéré, juste, paternel et rigide observateur de ses promesses.

Au milieu de ces élémens, dans le centre d'une société qui renaît, à l'aurore d'un gouvernement qui veut régner par la douceur et la sagesse, tandis que les gouvernemens qu'il remplace, n'ont dominé que par la force et la terreur; laissez la liberté indéfinie de la presse, et vous provoquerez des bouleversemens inévitables.

Jamais cette liberté n'exista plus complètement que pendant les trois années qui suivirent l'ouverture des états généraux; et, pour n'avoir pas prévu ses funestes conséquences, l'assemblée constituante a creusé l'abîme dans lequel s'est englouti le gouvernement dont elle se glorifiait d'avoir gratifié la France.

Tout homme de bonne foi en conviendra; c'est l'abus de la faculté d'imprimer qui a préparé la chute du trône, l'assassinat du meilleur des rois, et tous les maux qui en ont été la suite.

Les leçons du malheur agissent quelquefois sur les individus, mais elles ne laissent presque jamais sur les peuples des impressions fortes et durables; et lorsqu'une nation a été malheureusement poussée au dernier degré de la licence et de la corruption, ceux à qui est confiée la tâche difficile de la gouverner, ne peuvent réformer ses mœurs qu'à la longue, par de sages lois, de bonnes institutions et de grands exemples.

Or, quelles lois, quelles institutions, quels exemples, ont pu agir sur nous depuis le renversement du gouvernement des Bourbons? A des années d'anarchie et de fureurs populaires, a succédé un régime de fer, sous lequel la nation a été privée de tout ce qui eût pu opérer chez elle une salutaire réformation. Nous sommes aujourd'hui ce que nous étions il y a vingt-cinq ans; ce qui fut alors si funeste le deviendra encore aujourd'hui. Laissez donc la liberté indéfinie de la presse, et voyez encore la licence et la calomnie prêtes à distiller leurs poisons, la crédulité et l'amour aveugle de la nouveauté disposés à s'en abreuver, et cette révolution qui, pour tant de gens, ne fut que la guerre des prolétaires contre la classe des propriétaires et des hommes éclairés, recommençant avec les mêmes moyens, arriver aux mêmes résultats. . . .

Dans un état où la liberté de la presse est indéfinie, elle constitue en faveur des écrivains, et surtout des journalistes, une véritable magistrature.

Cette magistrature, agissant constamment sur l'opinion, doit avoir pour contre-poids la morale publique, qui fait justice des mauvais livres, et inflige le mépris à leurs auteurs.

Mais il n'y a de morale publique chez une nation, que lorsqu'on y trouve des opinions religieuses bien établies, des lois stables, un respect universel pour le prince, et surtout cette commune et ferme persuasion que le bonheur et la splendeur de l'état sont attachés au maintien du gouvernement existant.

Si telles sont les bases de la morale publique, on conviendra facilement que la liberté indéfinie de la presse manquerait aujourd'hui de ce puissant contre-poids. A part l'amour et le respect universel qu'inspire le prince qui nous est rendu, où sont nos opinions religieuses, nos mœurs, notre esprit national? Hélas! tout était naguères confondu, anéanti; hier seulement nous sommes sortis de ce chaos : voudrions-nous aujourd'hui nous glorifier de ce qui n'existe qu'en espérances, et de ce que la sagesse du monarque aura seule la force de développer et de rétablir avec le temps?

Frappés de la force de ces vérités, les partisans de la liberté de la presse n'osent plus les contester : ils conviennent même que cette liberté ne saurait être illimitée ; mais ils prétendent que des lois pénales suffiront pour en faire disparaître les abus.

Ici l'erreur est évidente.

En principe, la force des lois pénales est nulle, si elles ne sont appuyées du secours de l'opinion : la peine du délit existe plutôt dans la honte que dans la condamnation ; et, s'il est vrai que la morale publique n'existe pas encore, si le tribunal qui dispense le blâme est encore loin de se trouver organisé, il devient certain que l'admission d'un système purement pénal est insuffisante en ce moment pour réprimer les abus de la liberté de la presse.

En second lieu, il est hors de doute qu'une loi pénale sur cette matière, quel que soin que l'on apporte à sa rédaction, ne pourra jamais prévoir tous les cas; qu'elle laissera impunies un grand nombre d'actions contraires à l'ordre public et à la tranquillité des particuliers, qu'une tournure adroite procurera les moyens d'éluder son application; en sorte que, si elle existe seule et sans le concours des lois de police qui préviennent les abus, ces abus ne s'en manifesteront pas moins, et il n'y aura rien de fait.

On n'attaquera pas directement le gouvernement; mais on minera sourdement les principes sur lesquels repose son existence, et on préparera son inévitable destruction.

On ne calomniera pas précisément et nommément les individus; mais on les accablera par de perfides insinuations; mais, sans les nommer, on les désignera de manière à ne pouvoir être méconnus : ils seront flétris et ne pourront se plaindre; et l'autorité gémira d'un mal qu'elle aurait bien prévenu, mais qu'elle sera dans l'impossibilité de punir.

Enfin, admettons la calomnie palpable, et le calomniateur connu et poursuivi; qu'on nous dise quels jugemens sévères, quelles réparations pécuniaires, quelqu'immenses qu'on les suppose, quel appareil de peines ou même de supplices rendront l'honneur à cet homme probe, à cette femme irréprochable déchirés par un infâme libelliste ? Peut-être existe-t-il en Europe des nations chez qui la calomnie est réparée par un jugement ; mais, à coup sûr, la nation française n'est pas de ce nombre : s'il est vrai que l'antique honneur y existe encore, c'est avec tous ses préjugés, qu'il faut bien respecter. Il se peut qu'en Angleterre tout s'arrange avec des guinées ; mais en France la condamnation à payer de l'or flétrit, en fait de réparation, moins celui qui paie que celui qui reçoit ; et l'honneur, une fois atteint, n'y fut jamais rétabli par une décision du juge.

Dès qu'en France le mal produit par la calomnie est irréparable, il devient évident que le législateur doit prévenir la calomnie, plutôt que de la punir.

Ainsi, sous quelque rapport que l'on envisage l'adoption d'un système purement pénal, on est forcé de la considérer comme une mesure insuffisante et fausse, et puisqu'il est constant que dans notre position la liberté de la presse ne doit pas être indéfinie, on se trouve forcé de lui donner, au moins pour le moment actuel, d'autres limites, et par conséquent de recourir à la seule voie qui se présente, celle d'assujétir les écrivains à une censure préalable.

Que l'on ne considère pas, au reste, les lumières comme éteintes, et la liberté politique et civile comme anéanties, parce qu'un journaliste ou un écrivain ne pourront pendant quelques années rien publier qui n'ait été préalablement examiné par l'autorité publique.

On imaginera d'abord difficilement quel intérêt pourrait porter des censeurs à étouffer les grandes conceptions, à repousser les découvertes utiles, et à comprimer l'essor des talens.

Les immortelles productions des Bossuet, des Pas

chal, des Racine, des Buffon et de tant d'autres génies, n'ont-elles pas fait la gloire de la France dans le temps qu'elle était soumise à ce régime de censure dont on s'efforce de nous effrayer?

La liberté politique et la liberté civile seraient-elles donc forcées de chercher leur unique appui dans un journal ou dans un pamphlet, lorsqu'il existe entre les dépositaires de l'autorité une subordination respective, au moyen de laquelle les injustices se réparent et les vexations se répriment?

Les ministres sont responsables; quiconque est lésé par eux a le droit de s'en plaindre au Roi, ou à l'une des deux chambres.

Le droit de pétition est consacré par la charte constitutionnelle; chacun peut porter ses plaintes au pied du trône. Serait-il écarté? Sa réclamation adressée à la chambre des députés donne nécessairement lieu à la vérification des faits, à un rapport public, à une discussion solennelle.

La liberté individuelle est garantie; personne ne peut être arrêté que dans les cas prévus par la loi et dans les formes qu'elle prescrit; le juge, en vertu de cet *habeas corpus*, est obligé de mettre en liberté tout individu illégalement détenu.

Plus de commissions extraordinaires, plus de jugemens militaires, si ce n'est pour fait purement militaire; nul citoyen ne peut être jugé au criminel que par un jury légalement constitué.

Ces garanties solides nous sont assurées par un monarque éclairé, et qui, par principe comme par intérêt, est esclave de ses promesses; ces garanties sont consignées dans une loi fondamentale, à laquelle il n'est plus permis de toucher; leur existence peut bien autoriser, sans inconvénient, la suspension au moins temporaire de la liberté indéfinie de la presse, et l'établissement d'une censure combinée avec toutes les précautions qui peuvent, sinon éviter l'arbitraire, du moins donner aux écrivains toute la latitude à laquelle ils doivent raisonnablement aspirer.

Au milieu des objections cent fois répétées, auxquelles ont recours les adversaires de la censure, il en est une qui, bien que développée avec toutes les ressources d'un talent supérieur, ne nous en a pas moins paru futile.

On a dit : Vous n'empêchez point de parler, de peur qu'on n'attaque le gouvernement ou qu'on ne calomnie les particuliers. Comment donc la même crainte peut-elle vous déterminer à interdire la libre publication des écrits? et si vous vous contentez de lois pénales pour réprimer les discours séditieux ou calomnieux, pourquoi ne pas admettre la même mesure à l'égard des écrits et de leurs auteurs?

Étrange raisonnement! Certes, s'il existait une manière de parler telle qu'un individu pût au même instant se faire entendre de tous les peuples d'un vaste royaume, le gouvernement, quel qu'il fût, ne serait-il pas obligé, au nom de la tranquillité publique, de diriger lui-même l'usage de ce miraculeux porte-voix? Qui oserait lui conseiller de l'abandonner au premier venu? et ne serait-il pas lui-même responsable envers la partie paisible de la société, de tous les maux auxquels il l'exposerait, en la livrant à la merci des séditieux et des calomniateurs ?

On ne peut ici raisonner par analogie; des écrits ont bien une autre importance que des discours. Si l'influence de ceux-ci est bornée, et si leur existence d'un moment se perd bientôt dans le vague, les autres, au contraire, exercent une immense influence sur la nation entière; leur action est de tous les instans, ils restent, et peuvent se multiplier à l'infini. Eh! comment proposer à un gouvernement, à peine sorti des ruines, de rendre sur - le - champ indépendant un pouvoir aussi énorme, et peut - être plus étendu que le sien propre!

Au surplus, tout indispensable que soit aujourd'hui l'établissement de la censure, un jour viendra peut-être où elle cessera d'être aussi nécessaire, et où la raison d'état pourra permettre de donner à la liberté d'écrire une plus grande latitude.

Les Anglais, dont on ne cesse de nous citer l'exemple, ne sont arrivés que par degrés à la liberté de la presse ; et si le salut de l'état l'exigeait aujourd'hui, ils ne balanceraient pas à suspendre l'usage indéfini de cette liberté, de même qu'ils suspendent, lorsqu'il le faut, l'exercice de leurs plus beaux priviléges, et jusqu'à celui de l'*habeas corpus*.

Enfin, quand il serait vrai que le système de la censure entraînât quelque gêne, si en dernière analyse la somme des avantages excède celle des inconvéniens, il faut bien s'en tenir à ce système, et se contenter de l'environner de précautions sages, de règles fixes, qui préviennent, autant qu'il est posssible, les dangers de l'arbitraire.

Ces réflexions, n'en doutons pas, se sont présentées dans l'âme paternelle du monarque de qui nous tenons notre charte ; elles ont dirigé les commissaires auxquels il avait confié la préparation de cette loi fondamentale ; et si l'art. 8 a été rédigé tel qu'il l'est, c'est qu'on y a reconnu une disposition suffisante pour autoriser, suivant les circonstances, non-seulement la confection des lois pénales destinées à punir les abus de la presse , mais encore l'adoption des mesures de police propres à réprimer les abus qui résulteraient de la liberté indéfinie d'imprimer.

Cet art. 8 , loin de consacrer indéfiniment la liberté de la presse, n'a concédé aux Français le droit de *publier et de faire imprimer leurs opinions*, que sous l'expresse condition de *se conformer aux lois* qui doivent *réprimer les abus de cette liberté.*

Cette condition n'a rien qui soit destructif de la liberté de la presse ; car la liberté n'est point la licence, elle n'est autre chose même que la nécessité imposée, à chaque particulier, d'obéir aux lois qui ont été établies pour le bien général : *Parere legibus summa libertas est.*

Tout Français peut donc jouir de la liberté concédée par l'art. 8 ; mais c'est *en se conformant aux lois ;* et s'il fallait considérer isolément ces expressions, et s'attacher au sens littéral, on pourrait les appliquer plus particulièrement à des lois ou à des règlemens de police qu'à des lois pénales.

Les citoyens *ne se conforment pas aux lois pénales ;* ils en sont frappés lorsqu'ils ont commis les délits qu'elles répriment ; et ce sont les tribunaux qui se conforment à ces lois, en les appliquant.

Il est incontestable, tout au moins, que si la condition imposée aux écrivains de *se conformer aux lois*,
comprend même les lois pénales, elle s'applique, à
bien plus forte raison, aux lois et aux règlemens de police qui, par leur nature, pèsent immédiatement sur les
citoyens, en les obligeant à des précautions fixées et or-
données pour le maintien de l'ordre public.

Aussi la continuation de l'article, loin de supposer
qu'à l'avenir la liberté de la presse ne doive être modi-
fiée que par des lois purement pénales, oblige-t-elle les
écrivains à se conformer indistinctement à toutes *les
lois qui doivent réprimer les abus de cette liberté.*

Or, le législateur ne réprime pas seulement les abus,
en infligeant des peines ; il les réprime encore par des
lois de police qui empêchent la manifestation ou la re-
production de ces abus.

Il y a plus : si des crimes et des délits sont réellement
des abus, et de graves abus, tous les abus, cependant,
ne sont pas des crimes ou des délits.

Le législateur, en se réservant le droit de réprimer
indistinctement *les abus*, s'est donc réservé non-seulement celui de proposer des lois pénales qui ne répri-
meraient qu'une certaine classe d'abus, mais des lois
de police destinées à réprimer les abus autres que les
crimes et délits.

D'où il résulte, par une conséquence invincible,
qu'en proposant aujourd'hui, à la sanction des deux
chambres, un projet de loi qui assujettit la liberté de la
presse à des mesures de police, le gouvernement ne
viole point la charte constitutionnelle, et se conforme
au contraire à ses dispositions.

En un mot, des lois de police ou des lois pénales, en cette matière, seront toujours également conformes aux dispositions de l'article, qui n'a pas plus exclu l'usage des unes que celui des autres. On peut donc admettre ou des lois de police seulement, ou des lois pénales seulement. On peut aussi combiner des lois de police avec des lois pénales, afin de remplir le but indiqué par l'article 8, celui de réprimer les abus de la liberté d'imprimer ; et tout Français qui voudra imprimer, sera tenu de se conformer à ces lois.

Telle est, ce nous semble, la seule interprétation saine que comporte l'article ; elle est puisée dans son texte ; elle est conforme à l'esprit qui a nécessairement dirigé le législateur ; enfin, elle venge de tout reproche de non constitutionnalité, le projet de loi qui a été proposé au nom du gouvernement, et dont il nous reste à nous occuper.

Ne le dissimulons pas, ce projet présente des imperfections assez graves, soit dans son ensemble, soit dans quelques-unes de ses dispositions particulières ; et s'il s'agissait de fixer définitivement les règles de la matière, l'ouvrage devrait être recommencé en entier, et refait sur un meilleur plan.

Au lieu d'une loi dont il faut aller chercher le complément dans les dispositions éparses et incomplètes du code pénal, il eût mieux valu présenter un ouvrage plus profondément médité, un code complet sur l'usage et les abus de la liberté d'imprimer.

On aurait pu diviser ce code en deux parties : l'une aurait déterminé et prescrit les mesures de police, l'autre aurait compris la législation pénale.

Les dispositions de chacune de ces parties eussent été mises dans une parfaite harmonie, et tellement combinées, cependant, que la seconde aurait pu subsister et être anéantie sans l'assistance de la première.

L'exécution de la partie pénale aurait pu être ordonnée irrévocablement et à perpétuité.

Quant à la première partie, son existence aurait été limitée à deux ou trois années seulement, le roi se réservant de proposer aux deux chambres, soit la prorogation de ce terme, soit l'admission de tout autre système administratif dont l'expérience aurait démontré l'utilité ou la suffisance.

Prévoyant la suppression de la censure forcée, le législateur eût assuré, dans tous les cas, le régime d'une censure facultative à laquelle les auteurs et les imprimeurs seront libres de se soumettre, afin d'être garantis de toutes poursuites de la part du ministère public, sans préjudice de l'action civile des parties lésées.

A l'avantage de présenter un ensemble de règles positives, ce plan eût réuni celui de procurer dès à présent la réformation d'une des parties les plus négligées de notre législation pénale, et de classer et déterminer tellement la nature des atteintes portées, soit à l'ordre public, soit à l'intérêt particulier, par l'abus de la liberté d'imprimer, que l'action de la justice n'éprouvât désormais ni incertitudes ni retards.

Mais de ce qu'on aurait pu faire mieux, il ne s'ensuit nullement que le projet qui a été proposé doive être rejeté.

Le vingt-deuxième article présente un remède efficace contre toutes les imperfections de la loi, en la soumettant à être revisée au bout de trois années.

L'expérience fera connaître alors plus particulièrement les mesures qu'il conviendra d'adopter ; et l'exécution de la loi proposée n'empêchera pas la rectification des dispositions du code pénal, relatives à la presse, puisque la révision de ce code, si imparfait et si vicieux, devient aujourd'hui un des plus pressans objets dont la législature doive être occupée.

Enfin, puisque la loi, telle qu'elle est proposée, ne contient rien de contraire à la charte constitutionnelle, puisqu'elle a été jugée par le gouvernement, suffisante et convenable dans les circonstances actuelles, au lieu de prolonger le débat, n'est-il pas à propos, n'est-il pas nécessaire que les deux chambres adoptent cette loi, en proposant au roi les seuls amendemens dont l'admission leur paraîtra indispensable ?

Nous en indiquerons deux qui nous semblent essentiels.

D'abord, il résulte de l'article 6 du projet de loi, que la commission, qui doit statuer définitivement sur les sursis à l'impression, prononcés par le directeur général de la librairie, doit *être nommée au commencement de chaque session des deux chambres ;* et il semble résulter de l'article 7, que les fonctions de cette commission n'auront d'autre durée que celle de la session.

Ainsi, l'auteur que nous supposons repoussé par un injuste refus, sera obligé d'attendre pendant plusieurs mois la réformation de la décision dont il aurait à se plaindre.

Après un tel délai, les circonstances auront changé,

le mérite et les avantages de l'à-propos, seront évanouis; le tort pourra devenir irréparable. Il faut, au contraire, une justice prompte, et pour cela le tribunal d'appel chargé de la distribuer, et dont les membres seront renouvelés au commencement de chaque session, doit être *essentiellement permanent*; on pourrait même, sans inconvénient *déterminer le délai* pendant lequel il serait tenu de prononcer,

En second lieu, ce n'est pas assez d'avoir déterminé, par l'article 22, que la loi serait revue dans trois ans; mais, afin que la nécessité de cette révision résultât de la force des choses, il convenait que l'existence de la loi fût fixée à trois années; que cette loi fût dès à présent déclarée nulle et sans effet, à l'expiration du terme, et qu'ainsi le gouvernement se trouvât obligé de proposer alors, ou une prorogation, ou une révision.

Au moyen de ces deux amendemens, la loi proposée ne peut avoir aucuns inconvéniens notables; au contraire, elle présente de grands avantages; commandée par les circonstances, elle devient le gage de la paix publique, puisqu'elle tend à consolider nos institutions naissantes; enfin, en laissant aux écrivains une somme de liberté suffisante pour la propagation des idées saines et judicieuses, elle nous prémunit contre les dangers de la licence, et veille efficacement au maintien des bonnes mœurs, du respect dû aux lois et à l'autorité, de la tranquillité des citoyens, et par conséquent, du bonheur de la France, seul vœu du prince sage et éclairé sous lequel nous vivons.

IMPRIMERIE DE FAIN, PLACE DE L'ODÉON.